AF261642

LE CAPITAINE RICHARD

ET

NAPOLÉON III

PAR

A. GASSER

ÉTRAIT DE LA *REVUE D'ALSACE*

RIXHEIM (ALSACE)

IMPRIMERIE SUTTER & CIE, LÉON SCHMITT SUCCʳ

1912

LE CAPITAINE RICHARD

ET NAPOLÉON III

Le Capitaine Charles RICHARD

D'après un portrait peint en 1864 par son compatriote

Henri BELTZ

LE
CAPITAINE RICHARD

ET

NAPOLÉON III

PAR

A. GASSER

EXTRAIT DE LA *REVUE D'ALSACE*

RIXHEIM (Alsace)

IMPRIMERIE SUTTER & CIE, LÉON SCHMITT SUCCʳ

1912

LE CAPITAINE RICHARD

ET NAPOLÉON III

———

§ 1. *Une controverse.*

J'ai donné dans la *Revue d'Alsace* (1907, p. 464) sous la rubrique : **Soldats alsaciens,** une notice biographique sur le capitaine Richard. J'ai dit que c'était lui qui avait arrêté Louis-Napoléon lors de l'insurrection militaire de Strasbourg en 1836, que Richard, décoré de la légion d'honneur pour ce fait, avait monté rapidement au grade de capitaine, mais que, Louis Napoléon étant arrivé au pouvoir, Richard s'était vu arrêté dans son avancement et que même, ayant été nommé officier de la Légion d'honneur devant Sébastopol, cette nomination n'avait pas été ratifiée par l'empereur.

Ces faits généralement connus en Alsace, n'avaient alors été révoqués en doute par personne. D'autres les avaient du reste affirmés avant moi : Julien Sée, dans son *Journal d'un habitant de Colmar* pendant la guerre de 1870, (Paris, Berger-Levrault, 1884) parlant du capitaine Richard, dit dans une note p. 270 : « C'est lui qui arrêta le prince Louis-Napoléon à la Finkmatt lors de l'échauffourée de Strasbourg. Aussi n'eut-il plus d'avancement du jour où celui-ci tint les rênes du pouvoir : le souverain ne sut pas oublier les griefs du conspirateur. »

Charles Goutzviller dans ses souvenirs *A travers le passé* (Revue d'Alsace 1895, p. 345), dit aussi à propos de l'échauffourée de Strasbourg : « C'est un enfant de l'Alsace, le capitaine Richard, qui lui mit la main au collet (à Napoléon). Plus tard quand son prisonnier était devenu empereur, le malheureux capitaine fut mis à l'index et privé d'avancement malgré ses bons services. »

J'étais autorisé dans mes allégations, non seulement par les deux auteurs ci-dessus, mais encore par mes traditions de famille. Richard était comme moi, né à Soultz. Nos deux familles avaient toujours eu entre elles des liens d'amitié, remontant à une parenté éloignée. Mon père et plusieurs Soultziens m'avaient toujours affirmé les faits concernant le capitaine Richard, enfin la fille elle-même de ce dernier, m'avait remis pour la rédaction de ma notice une note conforme. Lorsque mon *Livre d'or de Soultz* parut en 1909-1910, il contenait naturellement une courte notice sur le capitaine Richard, résumée de celle qui avait paru dans la Revue d'Alsace. Je fus assez surpris de trouver dans l'*Intermédiaire des chercheurs et curieux* du 20 décembre 1909, une question signée des initiales A. J., où l'on demandait s'il fallait admettre mon récit de l'arrestation de Louis Napoléon et de sa rancune envers Richard.

M. H. Thirria répondit le 30 décembre dans le même organe : « J'ai raconté, dans le premier volume de mon ouvrage sur Napoléon III avant l'Empire, avec beaucoup de détails, l'échauffourée de Strasbourg du 30 octobre 1836, après avoir compulsé minutieusement les journaux de l'époque, et je n'ai trouvé nulle part que le Prince ait été arrêté à la Finckmatt par un sergent-major Richard. L'arrestation a été faite par un groupe de soldats non dénommés. Dans son ouvrage postérieur au mien, également très documenté, M. A. Lebey, ne fait aucune mention du susdit personnage, qui a pu participer à l'arrestation, mais dont le nom ne saurait être historiquement tiré de l'oubli, puisqu'il n'a joué dans l'affaire aucun rôle spécial et particulier. »

Le 20 février 1910, l'*Intermédiaire* donnait encore une note sur le même sujet, signée de M. E. Servière et ainsi conçue : « Dans les débats du procès de Strasbourg et dans l'*Histoire de dix ans* de Louis Blanc, c'est le colonel Taillandier et le lieutenant Pleignier qui arrêtèrent Louis Napoléon. Que le sergent-major Richard les ait aidés, c'est possible ; mais ce qui ne l'est plus du tout, c'est que Louis Napoléon, par mesquine vengeance, ait empêché, plus tard, l'avancement de Richard. « Quoique nommé officier de la Légion d'honneur sur le champ de bataille. Louis Napoléon ne lui aurait pas accordé le grade auquel il aurait eu droit », telle est l'assertion émise à l'appui de la thèse précitée. Lisez l'*Annuaire militaire*, vous verrez : 1° que Richard fut nommé capitaine par Louis Napoléon devenu Président de la République; 2° que tant qu'il demeura au service, c'est-à-dire jusqu'en 1863, il ne fut jamais officier de la Légion d'honneur ».

La note de M. Servière ne tomba sous les yeux de Mademoiselle Anna Richard, fille du capitaine, qu'en décembre 1911. Elle me fit parvenir la copie de la nomination du sergent-major Richard dans l'ordre de la Légion d'honneur, datée du 22 novembre 1836, sa nomination au grade de capitaine le 19 décembre 1848, enfin le brevet de sa nomination provisoire au grade d'officier de la Légion d'honneur, signé Canrobert et daté du 5 mai 1855. Mlle Richard me demandait en même temps de répondre dans l'*Intermédiaire* à la note de M. Servière : « Je dois, disait-elle, à la mémoire de mon pauvre père qui a tant souffert de l'injustice dont il a été l'objet, de réfuter énergiquement tous les dires qui pourraient le faire suspecter de s'être attribué le mérite d'une action faite par d'autres et d'avoir voulu attirer l'attention sur sa personne en se posant comme victime, s'il ne l'avait pas été ».

Je m'empressai de déférer à ce désir si légitime, dicté par la piété filiale, d'autant plus que je tenais à cœur de dégager la vérité de ces contradictions. J'envoyai à l'*Intermédiaire* une note qui fut insérée le 10 janvier 1912, où je rappelai les affirmations constantes du capitaine Richard recueillies non-seulement par moi, mais par M. Julien Sée et tous ceux qui l'ont connu ; la nomination au grade de chevalier de la Légion d'honneur attestant que le sergent-major Richard avait rempli dans l'affaire de Strasbourg un rôle distingué. Puis je montrai que la nomination de capitaine, datant du 19 décembre 1848, tombait entre l'élection de Louis Napoléon le 10 et sa proclamation comme President de la République le 20, et n'avait pas été soumise à sa sanction, enfin que le brevet provisoire d'officier de la légion d'honneur existant, il était prouvé qu'il n'avait pas été ratifié par l'empereur. Ainsi tombaient les affirmations de M. Servière, appuyées seulement sur l'*Annuaire militaire*.

Mais le 30 janvier, l'*Intermédiaire*, insérait une nouvelle réponse, très courtoise et documentée, de M. Germain Bapst, dont l'autorité est bien connue : « Il est douteux, disait-il, 1° que le sergent-major Richard ait arrêté, ou ait même aidé a arrêter L. N. Bonaparte, Aussitôt après l'échauffourée, le ministre de la guerre envoya à Strasbourg un de ses aides de camp, le lieutenant-colonel de la Rue, faire une enquête sur ce qui s'était passé avec instruction de rechercher ceux qui s'étaient emparés de la personne de L. N. Bonaparte. M. de la Rue fit, sur ce dernier point un rapport spécial daté de Strasbourg, le 15 novembre 1836. Dans ce rapport, il cite, en dehors du lieutenant-colonel Taillandier et du lieutenant Pleignier, l'adjudant Thierry et le caporal Mathieu comme s'étant saisi du Prince. Plus tard, on signala encore le sergent-major Delabarre, comme ayant contribué à son arrestation; mais dans aucun rapport il n'est question de Richard. Le général Voirol, commandant à Strasbourg, demanda au ministre 63 décorations, en dehors des grades déjà accordés à la garnison, à propos de cette affaire. Dans les nouveaux chevaliers figure le sergent-major Richard avec ce motif : « a sauvé la vie au lieutenant Pleignier au moment où cet officier se jetait sur L. N. Bonaparte ».

« 2° Voici ce qu'écrit, à la date du 21 mai 1855, du camp devant Sébastopol, le maréchal Pélissier, général en chef de l'armée d'Orient : « Le capitaine Richard (Charles-Marie), du 46ᵉ, trop âgé pour prétendre au grade d'officier supérieur.... limitant son ambition à l'obtention de cette récompense (croix d'officier de la légion d'honneur)... » On voit donc que le maréchal Pélissier n'était pas d'avis que le capitaine Richard pouvait espérer devenir chef de bataillon et même colonel et même déclarait que Richard était lui-même de cet avis [1]).

« 3° Le maréchal Canrobert, général en chef de l'armée d'Orient, rendit un arrêté le 5 mai 1855, nommant provisoirement le capitaine Richard du 46ᵉ, officier de la Légion d'honneur. Cet arrêté fut envoyé par lettre, pour être sanctionné par le ministre compétent et ensuite par le chef de l'Etat ; mais avant l'arrivée de cette lettre à Paris, le même Canrobert envoyait ce télégramme au ministère de la guerre : « Je vous prie de ne pas faire confirmer par l'empereur la nomination au grade d'officier de la Légion d'honneur du capitaine Richard du 46ᵉ. Je vous ferai un rapport à ce sujet ».

« Ce rapport rédigé et signé par le maréchal Pélissier, commandant le 1ᵉʳ corps de l'armée assiégeante, et depuis le 19 mai, général en chef à la place du maréchal Canrobert, expose longuement avec des détails circonstanciés et précis les motifs pour lesquels, lui, maréchal Pélissier, il s'oppose au maintien de la nomination du capitaine Richard, au grade d'officier de la Légion d'honneur. Inutile de dire que ces motifs ne se rapportent en rien à l'affaire de Strasbourg. »

---

[1]) La lecture du rapport *in extenso*, que nous donnerons plus loin, montre que M. Bapst fait ici erreur et que le maréchal Pélissier était bien seul de son avis.

· « Du bureau de la correspondance ce rapport fut transmis au bureau de l'infanterie où il fut classé. Le nom de Richard fut rayé sur l'état de proposition par le service compétent et la chose n'alla pas plus loin. Napoléon III n'eût donc pas à intervenir dans cette affaire et il ignora même toujours que l'un des 31 officiers qui portaient dans l'armée le nom de Richard était aussi l'un des 63 décorés à propos de son échauffourée de 1836 ».

Après la lecture de la note de M. Germain Bapst, Mlle Richard m'envoya des lettres, des pétitions, des documents divers prouvant que son père avait toujours affirmé avoir arrêté Napoléon à Strasbourg ; qu'au contraire il n'avait jamais parlé de la belle conduite qui lui est attribuée à l'égard du lieutenant Pleignier ; qu'il avait attribué à son rôle dans l'affaire de Strasbourg, l'hostilité qui lui était montrée en arrêtant son avancement en grade et la ratification de sa nomination comme officier de la Légion d'honneur ; que vivement affecté de ce qu'il considérait comme une injustice à son égard, il avait demandé une audience à l'empereur, lui avait adressé plusieurs pétitions, et jusqu'à sa mort avait protesté contre cette injustice.

Nous nous trouvons en face d'un problème intéressant. D'une part c'est un détail historique à préciser, d'autre part un cas psychologique à étudier. En effet, ou bien Richard s'est vanté d'une action qu'il n'a pas faite et s'est basé sur cette action chimérique pour se poser en victime de l'Empire, imposteur conscient ou inconscient, ou bien les faits se sont bien passés comme il le prétendait et alors nous avons un exemple frappant des injustices auxquelles peut se porter le pouvoir aidé du favoritisme, de la délation et de la courtisanerie.

Examinons donc attentivement, impartialement, toutes les données de ce problème. Quoi qu'il en résulte, je ne crois pas, en dépit de l'opinion dédaigneuse de M. Thirria, que j'aurai tiré en vain de l'oubli le nom du capitaine Richard.

§ 2. *Le capitaine Richard.*

Qui était d'abord le capitaine Richard? — Il était issu d'une bonne et ancienne famille d'Alsace. Pierre Richard était au commencement du 18e siècle, bailli de la baronnie de Bollviller. Son fils François André lui succéda mais il mourut en 173... Sa veuve Marie Elisabeth Schmidt épousa en secondes noces le 22 septembre 1737 Jean Maurice Durrwell, conseiller à Soultz et de cette union naquit ma trisaïeule, femme de Théobald Mathieu Gasser, docteur en médecine à Soultz.

François André Richard avait laissé deux fils : Vincent et Joseph Virgile. Ce dernier entra dans l'armée, devint capitaine de grenadiers, puis fut nommé lieutenant du roi à Soultz le 6 mars 1767. charge qu'il conserva jusqu'à la Révolution. Il épousa vers 1770 Marie Barbe Ebelin, petite-fille d'un prévôt de Hirtzfelden. Son frère Vincent, fut greffier de Meyenheim, puis procureur fiscal de la seigneurie de Hartmansviller. Tous deux furent élus par la communauté des habitants de Soultz, le 20 avril 1788, pour faire partie de la première municipalité et le 29 janvier 1790, Vincent fut élu premier maire de Soultz; mais le lendemain de son élection une émeute éclata, un sergent de la garde nationale fut tué d'un coup de feu parti de la maison Chambé. La population par représailles mit cette maison au pillage et l'incendia. Le maire Richard recueillit chez lui la dame Chambé et la cacha dans son grenier, où elle accoucha la même nuit. Cet acte d'humanité et son attitude impartiale dans l'instruction du procès de l'émeute rendirent Vincent Richard suspect; il fut suspendu de ses fonctions le 8 novembre 1790. Son frère et lui perdirent leur fortune dans la Révolution.

Joseph Virgile avait eu plusieurs enfants : un de ses fils François Joseph, devint pharmacien à Soultz et épousa Elisabeth Adelaïde de Bergeret; l'autre J. Baptiste Séraphin, épousa Françoise Monique Richer, fille d'un inspecteur des domaines et d'une demoiselle

Bouat de Soultz. C'est de leur mariage que naquit Marie Charles Richard le 21 mars 1810. Après quelques études à l'école de sa ville natale, il devint à 16 ans clerc de notaire, et fut occupé en cette fonction chez des notaires de Soultz, Rixheim et Sierentz. Le 8 mars 1831, devançant l'appel de sa classe, il s'engagea pour le 46e régiment de ligne qu'il rejoignit à St.-Omer où il arriva le 25 mars. Depuis cette date jusqu'à sa retraite, il ne quitta pas ce régiment où il fit toute sa carrière. En mai 1831 il fit partie des bataillons de guerre envoyés à Paris pour la réception des drapeaux. Il était sergent-major deux ans après. Son régiment était à Strasbourg, caserné à la Finkmatt, lorsqu'éclata le 30 octobre 1836, l'insurrection militaire en faveur de Louis Napoléon Bonaparte. C'est à la suite de sa belle conduite dans cette échauffourée qu'il fut décoré de la croix de chevalier de la Légion d'honneur le 22 novembre 1836. Le 18 septembre 1839 il fut promu sous-lieutenant; le 21 juillet 1840 lieutenant. Le 46e de ligne était à Paris en 1848 quand Richard fut nommé capitaine, le 19 décembre de la même année. Il fit la campagne d'Orient et il était à la tête de la 1re compagnie de voltigeurs du 46e, quand il fut blessé à la jambe droite par un éclat de bombe, le 11 décembre 1854, dans les tranchées devant Sébastopol, suivant un certificat que j'ai sous les yeux. Il resta néanmoins à son régiment. Dans la nuit du 1 au 2 mai 1855 son régiment fut désigné pour enlever l'ouvrage de contre approche construit par les assiégés en avant des attaques de gauche des assiégeants. Le 46e fit des pertes considérables, le commandant Julien de son bataillon fut tué dans l'ouvrage enlevé à l'ennemi devant le bastion central et Richard prit le commandement du bataillon. Le lendemain une attaque furieuse des Russes fut repoussée par les soldats que le capitaine Richard dirigeait vigoureusement et il resta maître de la position. Pour ce fait, il fut cité à l'ordre du jour de l'armée et le maréchal Canrobert, commandant en chef, le nomma officier de la Légion d'honneur. Il en reçut le brevet le 5 mai 1855. Fatigué de cet effort et sans doute des suites de sa blessure, il fut pris de douleurs rhumatismales et demanda à rentrer en France. Le maréchal Pélissier qui avait succédé à Canrobert dans le commandement en chef, prit prétexte de cette demande pour adresser un rapport à Paris tendant à ce que la nomination de Richard au grade d'officier de la Légion d'honneur ne fut pas ratifiée ; ce qui arriva.

S'étant refusé à remettre son brevet provisoire qu'il avait encore entre les mains, le capitaine Richard fut puni des arrêts de rigueur par ordre du général commandant la division, mais les arrêts furent levés de suite. Il comparut devant une commission qui le reconnut gravement atteint, par conséquent, incapable de faire pour le moment aucun service actif, et ordonna son évacuation sur les hôpitaux de Constantinople. De là il fut dirigé sur la France et envoyé aux eaux de Barèges.

Rentré au corps après son rétablissement, il fit la campagne d'Italie. Le 10 mai 1859 il fut nommé juge au 1er conseil de guerre de la 3e division du 3e corps et mérita de nouveau par sa conduite de figurer sur les états de proposition pour officier de la Légion d'honneur. Il fut encore évincé de cette récompense. Cependant il était titulaire de la croix du Medjidié de Turquie, des médailles de Crimée et d'Italie et de la valeur militaire de Sardaigne. Lassé de voir ses réclamations sans effet, il prit sa retraite comme simple capitaine en 1863, à Colmar où il épousa sa cousine Mlle Renaud. Pendant la guerre de 1870, lorsqu'on organisa la garde nationale de Colmar, le capitaine Richard fut appelé au commandement de la 3e compagnie du 1re bataillon et nommé commandant de la place. Le 14 septembre on le vit diriger la défense du pont de Horbourg en civil et la canne à la main. Le certificat ci-après atteste hautement sa belle conduite dans ces tristes circonstances ; il est signé de tout ce que la ville de Colmar comptait d'hommes éminents à cette époque :

Le Maire de la Ville de Colmar, les membres du Conseil Municipal et le Commandant de la Garde Nationale, soussignés.

Attestent par les présentes que Monsieur Richard, Marie Charles, ancien Capitaine au 46ᵉ Régiment de Ligne, habite la ville de Colmar depuis 1863, époque à laquelle il a obtenu sa retraite, et que pendant ces neuf années il a su mériter l'estime et la considération de tous ses concitoyens par sa moralité, sa conduite et sa parfaite honorabilité.

Ils se font en outre un devoir d'ajouter que Monsieur Richard a rendu de véritables services à son Pays ainsi qu'à la Ville de Colmar par son attitude et sa conduite au milieu des malheureux évènements dont l'Alsace a été le théâtre.

Ainsi, dès le mois d'août 1870, Monsieur Richard, quoique âgé de plus de soixante ans, s'est immédiatement mis à la disposition de l'autorité municipale pour organiser, comme capitaine adjudant major, le bataillon de la Garde Nationale de Colmar, en même temps, il acceptait les fonctions importantes et pénibles de Commandant de Place, fonctions qu'il a remplies jusqu'au moment où Colmar a été occupée par les armées et les autorités allemandes, et dans lesquelles il a su, dans des circonstances difficiles, maintenir l'ordre et protéger la sécurité publique, en l'absence de la gendarmerie et de toute force et autorité militaires régulières.

Enfin le 14 septembre 1870, quand l'ennemi fut signalé aux environs de Colmar, Monsieur Richard se porta immédiatement à sa rencontre avec les compagnies de francs-tireurs de Lyon et de St. Denis, ainsi que les volontaires de la Garde Nationale, et dirigea au milieu des projectiles, la défense du pont de Horbourg, jusqu'au moment où l'arrivée de forces ennemies considérables et supérieures, le forcèrent à quitter cette position et à ordonner la retraite. Dans ces différentes circonstances Monsieur Richard s'est distingué par son énergie, sa fermeté, son patriotisme, et les membres soussignés lui en témoignent au nom de la Ville de Colmar toute leur reconnaissance.

Colmar le 30 août 1871.

Le maire : H. de Peyerimhof.

Timbre de la Ville de Colmar.

Le Chef de Bataillon, Commandant de la Garde Nationale de la Ville de Colmar : A. Guisse, E. Belin, Ch. Stéphan, J. Chauffour, Ch. Gérard, E. Fleischhauer, Ad. Spæth, Fleurent, Mathieu, Ernst Ad., H. Wilhelm, etc.

En 1875 des démarches furent faites auprès du gouvernement de la République française pour obtenir réparation de l'injustice dont le capitaine Richard avait été victime, mais ce dernier mourut le 26 novembre de la même année, avant que ces efforts aient abouti.

Richard offrait le type du meilleur soldat ; ayant toujours fait son devoir, il n'admettait pas qu'on pût faire autrement. Il était simple, modeste, plein de droiture, d'un caractère ouvert et d'une franchise trop grande peut-être. J'ignore quelles furent ses opinions politiques tant qu'il fut soldat, mais on comprend qu'après sa retraite il ait été antibonapartiste ; il ne cachait à personne son aversion pour Napoléon III : lorsqu'il était mis sur ce terrain, il s'emballait et ne ménageait pas ses expressions ; l'équité qui faisait le fond de son caractère lui rendait insupportable l'injustice commise envers lui. Ceux qui le connaissaient l'appréciaient pour ses qualités personnelles. Il n'était pas le militaire hableur, n'ayant d'autre conversation que ses faits d'armes plus ou moins amplifiés. Quand l'occasion de parler de ses campagnes se présentait, il le faisait simplement sans se prévaloir de ses mérites. Jamais on ne l'a entendu raconter qu'il ait sauvé la vie au lieutenant Pleignier comme le porte le motif de sa décoration de chevalier de la légion d'honneur, et s'il parlait souvent de la manière dont il avait arrêté le prince Napoléon à Strasbourg, c'est uniquement parcequ'il y voyait le mobile de l'injustice dont il avait été l'objet et qui lui tenait si terriblement à cœur. Il était d'un naturel très-vif, mais très bon ; affable et bienveillant envers tout le monde, aussi était-il généralement aimé à Colmar, ainsi qu'au régiment ; on en a la preuve dans sa correspondance privée qui est conservée en partie.

La blessure qu'il avait reçue à la jambe ne le faisait pas boîter, mais il s'appuyait toujours sur une canne parcequ'il souffrait de rhumatismes et de la goutte qui le clouait souvent assez longtemps sur son fauteuil.

Mes souvenirs d'enfance me le représentent se promenant lentement sous les tilleuls du Champ-de-Mars et je verrai toujours sa noble silhouette de vieux soldat.

Un témoignage frappant de son caractère et de la régularité de sa conduite, c'est que, ayant perdu sa mère en 1832 et son père en 1841, il prélevait déjà sur sa modeste solde de sous-lieutenant une pension mensuelle qu'il faisait à son père paralysé et à l'unique sœur qui lui restait et qu'il a continuée jusqu'à la mort de cette sœur en 1869 ; pourtant lorsqu'il s'est marié, non-seulement le capitaine Richard n'avait point de dettes comme c'est le cas chez beaucoup d'officiers, mais il avait encore fait quelques économies. Il était nécessaire que nous fassions ce portrait moral véridique de Richard pour le mettre en parallèle avec l'attitude que semblent lui prêter certaines pièces officielles.

§ 3. *L'arrestation de Louis Napoléon Bonaparte à Strasbourg.*

Le capitaine Richard dans ses récits ne s'étendait guère sur les détails de l'insurrection de Strasbourg. Il se contentait de dire que c'était lui qui avait arrêté le prince Napoléon à la caserne de la Finkmatt, *derrière le cul des chevaux*, selon sa propre expression. On verra tout à l'heure que c'est bien dans ces conditions que Louis Napoléon fut arrêté, mais aucun document, aucun récit ne donne le nom de celui ou de ceux qui mirent les premiers la main sur lui.

Albert Fermé[1]) a publié une lettre du prince Napoléon à sa mère, datée de décembre 1836, où il raconte tous les détails de son entreprise manquée ; en voici des extraits :

« J'avais mis un uniforme d'artillerie, et sur ma tête

---

[1]) Les grands procès politiques. Strasbourg, d'après les documents authentiques, 3e édition, Paris, A. Le Chevalier 1869, 1 vol. in-16 de 225 pages

un chapeau d'état-major... » puis après avoir raconté sa réception à la caserne d'Austerlitz par le 4ᵉ rég. d'artillerie, comment il se mit en marche à la tête de ce régiment, comment il envoya différents officiers chargés de diverses missions, comment il échoua près du général Voirol, il continue : « Nous nous remîmes en marche : nous quittâmes la grande rue et entrâmes dans la caserne Finkematt, par la petite ruelle qui y conduit du faubourg de Pierre... A notre arrivée, les soldats s'empressent autour de nous, je les harangue : la plupart vont chercher leurs armes et reviennent se rallier à moi, en me témoignant leurs sympathies par leurs acclamations. Cependant voyant se manifester parmi eux une hésitation soudaine, causée par les bruits répandus parmi eux par quelques officiers qui s'efforçaient de leur inspirer des doutes sur mon identité ; et comme d'ailleurs nous perdions un temps précieux dans une position défavorable au lieu de courir sur-le-champ aux autres régiments, qui nous attendaient, je dis au colonel de partir : il m'engage à rester encore : je me range à son avis ; quelques minutes plus tard il n'était plus temps. Des officiers d'infanterie arrivent, font fermer les grilles, et tancent fortement leurs soldats : ceux-ci hésitent encore ; je veux faire arrêter les officiers : leurs soldats les délivrent. Alors la confusion se met partout ; l'espace était tellement resserré que chacun de nous fut perdu dans la foule. Le peuple, qui était monté sur le mur, lançait des pierres sur l'infanterie ; les canonniers voulaient faire usage de leurs armes, mais nous les en empêchâmes ; nous vimes tout de suite que nous aurions fait tuer beaucoup de monde. Je vis le colonel tour à tour arrêté par l'infanterie et délivré par ses soldats ; moi-même j'allais succomber au milieu d'une multitude d'hommes qui, me reconnaissant, croisaient sur moi leurs baïonnettes. Je parais leurs coups avec mon sabre, en tâchant de les apaiser, lorsque les canonniers vinrent me tirer d'entre leurs fusils, et me placer au milieu d'eux. Je m'élançai alors, avec quelques sous-officiers, vers les cannoniers montés, pour me saisir d'un cheval ; toute l'infanterie me suivit ; je me trouvai acculé entre les chevaux et le mur, sans pouvoir bouger. Alors les soldats arrivèrent de toutes parts, se saisirent de moi et me conduisirent dans le corps de garde. »

Tel est le récit de l'acteur principal. Un des officiers conjurés, Armand Laity, nous a laissé [1]) un récit peu différent, c'est celui qu'a utilisé en grande partie Louis Blanc dans son *Histoire de dix ans* :

« Le Prince était vêtu d'un uniforme d'artillerie : habit bleu, collet et passepoils rouges. Il portait des épaulettes de colonel, les insignes de la Légion-d'Honneur, un chapeau d'état-major du modèle admis dans l'armée, et pour arme un sabre droit de grosse cavalerie. » Laity raconte ensuite comment Napoléon est reçu par le colonel Vaudrey et le 4e rég. d'artillerie à la caserne d'Austerlitz d'où on se met en marche vers le quartier-général et la caserne de la Finkmatt pour y entraîner le 46e de ligne « Un officier fut expédié au 46e de ligne, pour annoncer à ce corps le mouvement qui s'opérait ». Le colonel Vaudrey fit ouvrir la marche par des canonniers à cheval. Après avoir échoué près du général Voirol, qu'on dût se contenter de faire garder à vue dans son hôtel par le colonel Parquin et un peloton de canonniers, on se remit en marche pour la caserne Finckmatt : « Le poste d'infanterie (de l'hôtel du quartier-général) marchait en tête, et tout présageait encore un heureux succès. On était arrivé dans le faubourg de Pierre ».

« Le quartier Finckmatt est un long bâtiment, situé parallèlement au rempart, dont il n'est séparé que par une cour très-étroite, fermée dans toute sa longueur par une courtine, et à chaque extrémité par un mur

---

[1]) *Relation historique des évènements du 30 octobre 1836. Le prince Napoléon à Strasbourg*, par M. Armand Laity, ex-lieutenant d'artillerie. — Paris, Thomassin. 1838, br. in-8 de 95 pages.

élevé. Cette cour qui n'est qu'au long boyau, sert aux troupes de lieu de rassemblement. Pour se rendre de la ville à la caserne, il n'y a que deux issues ; l'une, par le chemin du rempart, qui aboutit à l'une des extrémités de la cour, où se trouve une grille en fer ; l'autre, dans une direction opposée, par une ruelle étroite, qui, partant du faubourg de Pierre, arrive perpendiculairement à la grille principale du quartier, située au centre du bâtiment. Ce faubourg de Pierre est une large rue, percée parallèlement au quartier, mais séparée de celui-ci par un massif de maisons de soixante à quatre-vingts pas de profondeur, et n'ayant d'autres communications avec lui que par la ruelle dont nous venons de parler, ruelle si étroite qu'il ne peut y passer que quatre hommes de front.

« Si le Prince arrivait par la ruelle du faubourg de Pierre, il était obligé de laisser une grande partie du régiment en bataille dans cette rue, et d'aller se présenter avec une faible escorte à la caserne, sans pouvoir montrer aux soldats d'infanterie l'exemple entraînant de tout un régiment entraîné dans sa cause.

« Si, au contraire, on venait, par l'autre chemin se placer sur le rempart, en face de la caserne, le prince apparaissait à l'infanterie escorté de tout un régiment enthousiasmé. Un tel spectacle attirait l'attention de toute l'infanterie ; du rempart au bâtiment il n'y a que vingt à vingt cinq pieds : le Prince pouvait haranguer les soldats réunis et s'en faire connaître. Plusieurs batteries du 3ᵉ d'artillerie avaient leurs chevaux dans la caserne Finckmatt ; les soldats de ces batteries étaient connus de ceux du 46ᵉ ;... l'entraînement devait être contagieux. Néanmoins, s'il en était autrement, si l'infanterie résistait... rien ne pouvait empêcher le Prince de se retirer par le rempart...

« Par une circonstance déplorable, la tête de colonne, au milieu du tumulte, n'avait pas suivi la direction convenue, et, au lieu de se rendre par le rempart, entrait par la ruelle qui conduisait à la caserne. Pour protéger la retraite, le Prince fut obligé de laisser la moitié du régiment en bataille dans la grande rue, et il entra dans la cour, suivi des officiers et de quatre cents hommes environ. Il espérait déjà trouver le régiment réuni ; mais l'officier, qui avait dû porter la nouvelle, n'avait pu arriver ; les soldats étaient tous dans leurs chambres, occupés à se préparer pour l'inspection du dimanche. Cependant, attirés par le bruit, ils se mettent aux fenêtres ; le Prince les harangue ; en entendant prononcer le nom de Napoléon, ils descendent, entourent le Prince et témoignent le plus vif enthousiasme pour le neveu de l'empereur. Un vieux sergent-major se précipite vers lui, s'empare de sa main qu'il baise en fondant en larmes : il s'écrie qu'il a servi dans la garde impériale, et que ce jour est le plus beau de sa vie. Son exemple émeut le monde : tous ceux qui arrivent, jeunes ou vieux, montrent les mêmes dispositions, et les cris de : Vive Napoléon ! vive l'Empereur ! retentissent dans le quartier Finckmatt, comme ils avaient retenti dans le quartier d'Austerlitz...

« ... le Prince et ses officiers avaient déjà formé plusieurs compagnies d'infanterie ; les deux armes sont mêlées ; encore un moment, le bataillon des pontonniers et le 3ᵉ d'artillerie vont se joindre au Prince... Mais tout à coup, à une extrémité de la cour, un orage se forme et se grossit rapidement, sans qu'on puisse s'en apercevoir à l'autre extrémité. Le colonel Taillandier venait d'arriver ; quand on lui dit que le neveu de l'empereur est là avec le 4ᵉ, il ne peut croire une nouvelle aussi extraordinaire, et sa surprise est si grande qu'il préfère supposer une ambition vulgaire de la part du colonel Vaudrey, que de croire à la résurrection d'une grande cause. « Soldats ! s'écrie-t-il, on vous trompe ! l'homme qui excite votre enthousiasme ne peut être qu'un aventurier, qu'un imposteur ». Un officier d'état-major s'écrie en même temps : « Ce n'est pas le neveu de l'Empereur ; c'est le neveu du colonel Vaudrey ; je le reconnais ». Quelque absurde que soit ce mensonge, il vole de bouche en bouche, et commence à changer les dispositions de ce régiment tout à l'heure si fortement remué. Un grand nombre de soldats, se croyant dupes d'une indigne supercherie, deviennent furieux. Le colonel Taillandier les rassemble, fait fermer la grille et battre la charge, tandis que, de l'autre côté, les officiers du Prince font battre la générale pour accélérer le rassemblement des soldats qui ont embrassé sa cause. L'espace est tellement rétréci, que les régiments sont, pour ainsi dire, confondus ensemble. La mêlée augmente de moment en moment; les officiers de la même cause ne se reconnaissent plus, puisqu'ils portent tous le même uniforme. Les canonniers arrêtent des officiers d'infanterie; l'infanterie à son tour, s'empare de quelques officiers d'artillerie; les mousquetons sont chargés; les baïonnettes, les sabres étincellent; mais aucun coup n'est porté; on craint de frapper un ami; cependant, un mot du Prince ou du colonel, et un véritable massacre va commencer. Plusieurs officiers et, entre autres, MM. de Querelles et de Gricourt, viennent offrir au Prince de lui ouvrir un passage à travers l'infanterie; mais il refuse de faire verser pour lui seul le sang français. Il ne peut croire d'ailleurs, que le 46e qui, un moment auparavant, lui montrait tant de sympathie, ait si promptement changé de sentiment. Il se jette au milieu de l'infanterie pour tâcher de la ramener; mais il est entouré d'un triple rang de baïonnettes et obligé de tirer son sabre pour parer les coups qu'on lui porte; il allait périr par des mains françaises, si des canonniers, voyant son danger, ne l'avaient enlevé et placé dans leurs rangs. Malheureusement, ce mouvement le sépare de ses officiers, et le reporte vers l'extrémité de la cour, au milieu des soldats qui méconnaissent son identité. Le Prince alors s'élance vers le piquet de cavalerie. pour s'emparer d'un cheval et pouvoir dominer la mêlée. mais les artilleurs sont repoussés, et les chevaux le renversent contre le mur. L'infanterie profite de ce moment pour se jeter sur lui et l'emmener prisonnier ; ses officiers, qui ne peuvent plus rien pour sa défense, subissent successivement le même sort ».

« Cependant, inquiets d'être si longtemps séparés du Prince et de leur colonel, les artilleurs qu'on avait laissés dans la rue, commençaient à concevoir des craintes, lorsque le bruit se répand qu'ils courent des dangers. A l'instant ils se précipitent vers la grille du quartier, en poussant des cris de fureur contre l'infanterie, qu'ils refoulent aux deux extrémités de la cour. Le peuple, rassemblé en grand nombre sur le rempart, jette des pierres au 46ᵉ, et fait retentir les airs des cris de vive l'empereur !

« Le colonel Vaudrey seul restait libre, entouré de nombreux artilleurs dont le dévouement à sa personne était sans bornes. La résistance lui était facile ;... mais... il offrit de se rendre, et, usant, pour la dernière fois, de son autorité sur ses soldats, il leur ordonna de rentrer à leur caserne, et suivit le lieutenant-colonel Taillandier, qui le conduisit dans une chambre d'officier ».

Ce récit du lieutenant Laity tend évidemment à prouver l'unanimité des troupes et du peuple en faveur du prince Louis Napoléon ; à cet égard il est suspect ; de plus Laity n'était pas présent à la Finckmatt et n'arriva qu'après l'arrestation du prince. Dans sa relation des évènements dont certains détails sont très précis, il s'est inspiré sans doute des récits des officiers ses co-partisans et surtout des documents relatifs à l'insurrection de Strasbourg publiés par E. Roch.

Les journaux contemporains que nous avons consultés n'apportent aucun détail nouveau à ce récit.

Le général Voirol envoya à Paris un rapport de ce qui s'était passé. Comme il avait été fait prisonnier dans son hôtel, il n'assista pas aux évènements de la Finckmatt. Dans ce document il insiste surtout sur la conduite du « sous-lieutenant Pleignier du 46ᵉ qui a couru les plus grands dangers en voulant s'opposer aux rebelles et qui deux fois pris par eux a été deux fois arraché de leurs mains par sa troupe ». Il demanda 63 décorations pour ceux qui s'étaient distingués dans cette affaire par leur fidélité au roi, avaient contribué à l'arrestation du Prince Napoléon ou de ses partisans. Le sergent-major Richard figure dans cette liste avec ce motif : « a sauvé la vie au lieutenant Pleignier au moment où cet officier se jetait sur L. N. Bonaparte ». On accorda également des grades à propos de cette affaire : le sous-lieutenant Pleignier devint lieutenant et fut décoré, le lieutenant-colonel Taillandier fut promu colonel du 18e de ligne, le major Salleix lieutenant-colonel.

Le lieutenant-colonel de la Rue, aide de camp du ministre de la guerre, fut envoyé par ce dernier à Strasbourg pour y faire une enquête sur ce qui s'était passé. De Strasbourg, il envoya plusieurs lettres ou rapports dont un, du 15 novembre 1836, où il ne cite que les noms de ceux qui ont contribué à l'arrestation du prince Napoléon, sans entrer dans le détail des faits. Le sergent-major Richard n'y est pas nommé.

On sait que le gouvernement se contenta de faire transporter le prince Napoléon en Amérique, tandis que huit de ses conjurés, qui avaient été arrêtés, comparurent devant la cour d'assises de Strasbourg le 6 janvier 1837.

Au cours de ce procès on entendit plusieurs dépositions intéressant les circonstances de l'arrestation de Louis Napoléon.

Les débats du procès ont été publiés par un anonyme (E. Roch?) à Strasbourg, chez Silbermann en 1837, sous ce titre : *Procès de l'insurrection militaire du 30 octobre 1836 jugé par la cour d'assises du Bas-Rhin.* Ils ont été reproduits dans l'ouvrage de A. Fermé cité plus haut. ·

Je dois dire que les dépositions des témoins sont très dissemblables dans les deux publications. Il est probable que celle de 1837 les reproduit telles qu'elles ont été entendues à l'audience, tandis que celle de M. Fermé les donne, d'après les pièces officielles, telles qu'elles ont été transcrites par le greffier. C'est cette dernière que je reproduis en signalant les variantes importantes de l'autre publication.

Dans l'interrogatoire du colonel Vaudrey nous trouvons dans Fermé une question qui ne se trouve pas dans la 1re publication de 1837; la voici :

D Quand vos projets ont été déjoués, qui a arrêté le prince? — R. Je me suis rendu moi-même quand j'ai vu que tout était perdu.

Au lieu de ce paragraphe on trouve dans la publication de 1837, le suivant :

D. Vous avez marché alors sur la caserne de la Finckmatt? — R. Nous nous sommes dirigés vers ce quartier. C'est là qu'une lutte s'est engagée, lutte assez longue ; un sous-lieutenant du 46e voulut faire arrêter le prince. Je donnai ordre moi-même d'arrêter le sous-lieutenant; une collision eut lieu ensuite.

D. Vous avez été arrêté alors? — R. Je n'ai pas été arrêté; les artilleurs qui m'entouraient ont voulu m'enlever, me sauver. Je me suis rendu, après avoir ordonné à mes artilleurs de se retirer.

Cette dernière version paraît plus exacte que la première. Il s'agit du sous-lieutenant Pleignier.

La déposition du général Voirol est aussi tronquée très fortement dans l'édition Fermé ; mais dans celle de 1837, où elle est plus étendue, il n'est rien dit de particulier sur les évènements qui se sont passés à la Finckmatt, si ce n'est cette phrase : *j'appris que le 46e avait fait son devoir, et que Louis Bonaparte et sa suite avaient été faits prisonniers par ce brave régiment.*

Voyons quel fut le rôle du sous-lieutenant Pleignier. Dans l'acte d'accusation il est dit que le colonel Vaudrey arrivé à la Finckmatt, donna au sous-lieutenant

Pleignier [1]) l'ordre de faire prendre les armes au 46ᵉ et de le faire descendre dans la cour.

Un adjudant du 4ᵉ d'artillerie, Constant Deguerse, (appelé Deherpt, dans la publication de 1837) cité comme témoin déclare : *le lieutenant Pleignier me parla de résistance et me demanda mon appui. Je lui jurai qu'il pouvait compter sur moi.* Suivant la publication Fermé, il ajoute : *Nous réussimes en partie et l'arrivée des officiers supérieurs décida l'arrestation de tous les conjurés.*

Voici la déposition de M, Pleignier : « Le colonel Vaudrey me donna l'ordre au nom de l'Empereur, de faire descendre les soldats en armes. Je lui demandai où était son empereur : il me montra le prince Louis ; j'allais me jeter sur lui pour l'arrêter, quand le colonel Vaudrey donna l'ordre de m'empoigner. Les artilleurs me trainaient au milieu d'eux quand des soldats de mon régiment vinrent me délivrer. Je m'élançai alors une deuxième fois sur le prince, et une deuxième fois je fus arrêté. Je vis plusieurs sabres tirés sur moi; je m'emparai alors du mien et criai : Soldats du 46ᵉ, à moi! aux armes! L'un des assaillants s'acharna contre moi : c'était un jeune homme ayant de petites moustaches blondes tombantes. Je parvins à m'emparer de lui. La lutte continua avec quelque hésitation de part et d'autre. Le major Salleix arriva. Je fis placer des factionnaires à la grille. Je rencontrai un adjudant, l'adjudant Gall, que je désarmai par mesure de sûreté. Au même moment M. Parquin fut arrêté, après avoir paré quelques coups de baïonnettes avec son sabre. Je saisis moi-même M. de Gricourt, qu'on enferma dans une cuisine. M. de Querelles fut arrêté en même temps.

« Je revins à l'endroit où était le prince et le colonel, qui se tenaient contre le mur derrière les chevaux. Ils se défendirent et je reçus dans ma capote un coup de sabre du prince ou du colonel. M. Salleix et M. Tal-

---

[1]) Pleignier logeait dans la caserne et c'est dans sa chambre que l'on conduisit le colonel Vaudrey quand ce dernier se fut rendu. C'est ce qui résulte de plusieurs dépositions.

landier allèrent vers eux et les sommèrent de se rendre.
Le colonel dit : « Je ne me rendrai pas ». M. Tallandier parvint à s'approcher du colonel Vaudrey et lui
dit : « Il ne vous sera rien fait, mais rendez-vous, dans
votre intérêt. » Le colonel alors se rendit... »

M. de Gricourt. Je ne conteste pas le courage du
témoin; mais je crois qu'il s'est trompé quand il a dit
qu'il m'avait pris seul. Plusieurs soldats du 46ᵉ m'entouraient et l'ont aidé à me prendre.

M. le Président. Colonel, vous seriez-vous servi de
votre sabre dans cette lutte, où le témoin a été frappé?

Le colonel. Non monsieur, je ne m'en suis servi que
pour parer.

Le témoin. J'ai reçu un coup de sabre dans ma
capote entre les deux boutons, et ce coup a été amorti
par le sergent Richard, à qui j'ai dû la vie dans cette
occasion.

M. Parquin. Quand le prince a été arrêté, il m'a
déclaré qu'il ne s'était servi de son sabre que pour se
défendre.

Le témoin. J'ai vu le sabre du prince; qui était fort
large.

M. Gérard. Vous avez déclaré dans l'instruction
qu'un capitaine d'état-major s'était montré fort acharné
dans cette circonstance. Le voyez-vous parmi les accusés?

Le témoin. Non monsieur.

La première publication donne les variantes suivantes
(après qu'il eût été arraché pour la seconde fois des
mains des insurgés) : « L'on arrêta successivement le
prince et ses partisans, après une lutte assez longue.
L'un d'eux, un jeune officier d'état-major, à moustaches
tombantes, parut sur le rempart, et cria aux canonniers de ne pas abandonner le prince et le colonel.
Peu après, le major Salleix arriva; il fit croiser la baïonnette, on serra les rangs, et moi je me portai vivement sur la grille du côté des bords de l'eau, et la fis
fermer. Au même instant, M. Parquin venait d'être
arrêté, après avoir paré quelques coups de baïonnette.

Je rejoignis les autres personnes acculées contre le mur. Je saisis de mon bras droit M. de Gricourt et l'entraînai dans une cuisine. A mon retour, M. de Querelles me dit : « lieutenant, je me rends » et je pris l'épée de l'accusé. Je revins ensuite au groupe qui entourait le colonel et le prince, qui tous deux étaient entre les chevaux et le mur. Le major Salleix leur cria de se rendre. Le colonel Tallandier leur dit aussi de se rendre. — Non, répondit le colonel je ne me rendrai pas. — Le colonel Tallandier parvint à s'approcher du colonel Vaudrey, en écartant les chevaux, le prit par la main, et l'engagea à se rendre. Ce qu'il fit.

Le colonel Vaudrey. Le prince avait donné directement au témoin l'ordre de faire descendre son régiment. Le lieutenant Pleignier voulut se jeter sur le prince. C'est alors que j'ai donné l'ordre à des sous officiers de l'arrêter. Cet ordre fut exécuté aussitôt.

Le témoin. Oui, il y a même eu un coup de sabre dirigé sur ma poitrine par le prince ou le colonel. J'étais tué sans la présence d'esprit des sergents-majors Richard et Meynard, qui m'ont précipitamment arraché.

Le colonel Vaudrey explique que ce ne peut pas être lui qui a porté ce coup.

On est surpris de ne pas voir paraître Richard comme témoin [1]), tandis qu'ou appelle des sous-officirs et des soldats sans culture intellectuelle, qui font des dépositions naïves, qui font rire l'auditoire. La publication de 1837 dit même à propos de la déposition du sergent-major Delabarre : « La déposition de ce témoin, empreinte d'une singulière exagération, porte ensuite sur quelques circonstances sans intérêt, relatives à l'arrestation des autres prévenus ». Voici du reste cette déposition d'après M. Fermé (la première publication ne fait que la résumer) :

---

[1]) On verra plus loin par une lettre de son oncle, qu'il devait être en ce moment en congé dans sa famille.

André Regulus Delabarre, sergent décoré. J'ai vu venir le 30 au matin le prince Louis, suivi d'un grand état-major, du colonel Vaudrey et des artilleurs. Je m'approchai de la grille, et le prince m'aborda : « Tu sers depuis longtemps, mon brave ? — Oui, vingt-cinq ans de service, et avec honneur. — Je suis le fils de l'Empereur. — Le fils est mort, je ne connais que le roi. » Voilà que le colonel, suivi de ses artilleurs, crie aux armes, et dit aux soldats : « Descendez ! — Ne descendez pas, leur dis-je, et criez vive le Roi ! » Quand j'ai vu que la foule devenait conséquente je dis : « Tout le monde en bas » ! Le colonel cria : « A moi, canonniers, qu'on ménage le prince » ! Il y a eu une mêlée, même que j'ai reçu un coup de monture de bancal sur la main, et qu'un sergent-major de mon régiment m'a involontairement arraché ma contre-épaulette. Il voulait me la rendre, mais je lui ai dit : « Gardez ma patte, vous me la rapporterez demain ». Au même moment, un maréchal des logis me plonge en joue, je l'esquive ; un autre criait : « Arrêtez-les » ! Je crois que c'était M. Parquin. Le temps de me demêler de la mêlée, arrive le tambour-major Kern, qui saisit M. Parquin. Les autres se sont rendus à M. Tallandier.

Le témoin Kubler, sergent au 46ᵉ, décoré depuis l'affaire, fait une déposition aussi originale. C'est lui qui a délivré le lieutenant Pleignier la première fois qu'il a été arrêté. Il a aussi aidé à arrêter MM. de Querelles et de Gricourt. Ce dernier l'amène à dire qu'il avait été placé avec ses hommes a la grille qui se trouve à l'extrémité du quartier. Le témoin vit le tambour-major arrêter M. Parquin, il revint alors vers le gros de la foule, et présenta la baïonnette de son fusil au prince : « un canonnier la saisit et pour ravoir mon fusil je fus obligé d'abandonner le prince. Enfin il fut pris par mes camarades ».

Le capitaine d'état-major Petitgrand après avoir délivré le général Voirol, se rendit à la Finckmatt où le désordre était à son comble, il vit s'établir la lutte à la suite de laquelle les conjurés furent arrêtés; une première tentative pour s'emparer du prince Louis avait été inutile, mais lorsqu'on fut parvenu à séparer tous les chefs du mouvement, il fut assez facile de s'emparer d'eux.

Jean Morvan, fusilier au 46ᵉ, décoré depuis l'affaire, déclare que le sergent Delabarre s'approchait du prince pour l'arrêter. Un artilleur lui posa le canon de son mousqueton sur la poitrine : «Je portai alors à cet artilleur un coup de baïonnette qui lui traversa la joue et lui fit lâcher le mousqueton. Je reçus pour ma part, dans le dos, une pierre qui me fit très mal. Le prince et le colonel se cachaient entre le mur et les chevaux. On les a empoignés ».

Jacques Kern, tambour-major du 46ᵉ, décoré du 30 octobre, dépose qu'en descendant il vit le sergent vaguemestre Delabarre saisir le général Parquin par la jambe, mais qu'il n'eût pas la force de l'arrêter, alors lui Kern, saisit M. Parquin par le bras.

Le tambour Prieux prétend aussi avoir concouru à l'arrestation du prince et de sa suite.

Le canonnier Martin a assisté les sergents du 46ᵉ dans l'arrestation du prince et de plusieurs accusés.

Le lieutenant Horset a concouru à l'arrestation des accusés et particulièrement de M. le colonel Vaudrey.

Le lieutenant-colonel Salleix, alors major, déclare qu'étant arrivé à la caserne de la Finckmatt, il trouva le 4ᵉ d'artillerie dans la cour, adossé aux remparts. Quelques soldats du 46ᵉ avec le lieutenant Pleignier étaient sur la droite; le major conjura les soldats d'abandonner des chefs qui les trompaient. Il essaya de s'emparer du colonel Vaudrey, mais le tambour-major Kern lui dit qu'un général était à la tête des artilleurs, c'était M. Parquin, ils coururent l'arrêter.

Le lieutenant-colonel Taillandier fait une déposition toute semblable. Il somma le colonel Vaudrey de se rendre, celui-ci répondit : Sauvez le prince! — Où est-il? — Là; et il le montra derrière les chevaux d'artillerie. Enfin c'est à lui que le colonel se rendit.

Il résulte de tous ces témoignages que le sous-lieutenant Pleignier le premier, décida de la résistance à Napoléon. Il a cherché en vain à s'en emparer par deux fois, la seconde fois le prince se défendait avec son sabre, un coup qu'il portait sans doute à M. Pleignier fut paré par le sergent-major Richard.

M. Parquin fut arrêté par le tambour-major Kern et le sergent Delabarre et se rendit au major Salleix.

M. de Querelles et M. de Gricourt ont été arrêtés par le sous-lieutenant Pleignier auquel ils se sont rendus.

Le colonel Vaudrey s'est rendu au lieutenant-colonel Taillandier.

Le prince Napoléon a été arrêté après une lutte assez violente, car, dit l'acte d'accusation, il eut l'uniforme déchiré, les insignes arrachés. Mais qui l'a arrêté? à qui s'est-il rendu? Personne ne le dit. Pleignier et le sergent Delabarre avouent avoir vainement tenté d'y arriver. Le sergent Kübler dit que le prince a été arrêté par ses camarades. Le canonnier Martin dit qu'il a aidé les sergents du 46e a arrêter le prince.

Il est probable que si Louis Napoléon avait paru au procès, ce détail aurait été précisé; en son absence il a été négligé. Ancun autre document ne précise qui a mis la main sur lui. Dans ces circonstances est-il permis de révoquer en doute l'affirmation de M. Richard? Ce dernier n'était pas un vantard car jamais il n'a dit, ce qui est bien établi, qu'il avait sauvé Pleignier. Une autre chose est aussi bien établie : c'est derrière les chevaux que le prince et le colonel Vaudrey ont été arrêtés, comme le disait Richard, et il est probable qu'en parant le coup destiné à M. Pleignier, le sergent-major Richard a mis la main sur Napoléon. D'autres lui ont certainement prêté main forte ensuite. Mais encore une fois il semble qu'on ait délibérément laissé ce détail dans l'ombre [1]).

D'après Richard on lui a donné à choisir entre l'avancement et la croix, mais on l'aurait en même temps engagé à accepter d'abord la croix, l'avancement ne devant pas tarder à venir ensuite, ce qui arriva en effet puisqu'il était sous-lieutenant trois ans après. Dans la proposition pour la croix on préféra sans doute porter le sauvetage du sous-lieutenant Pleignier comme plus honorable, aussi parcequ'on voulait mettre le moins possible en jeu l'arrestation de Napoléon. Par une singulière fatalité aucun des écrits laissés par le capitaine Richard ne précise son rôle dans cette arrestation. Dès qu'il eût été décoré, il en fit part à sa famille et son oncle le pharmacien lui écrivit à cette occasion la belle lettre que voici :

Soultz, le 1er décembre 1836.

Mon cher Charles,

L'évènement heureux qui vient de vous arriver ne doit pas être considéré par vous comme résultat du simple hasard, mais comme un coup significatif de la Providence qui vous destine a relever l'estime ainsi que la considération d'une famille assez longtemps abreuvée d'humiliations et de mépris, suite des malheurs qu'elle a éprouvés.

Il paraît que Dieu est satisfait de l'épreuve auquel il a dans sa sagesse soumis tous les êtres individuellement de notre famille, rendez donc grâce et honneur à Celui qui dirige tout dans ce misérable bas monde, et tenons nous pour bien avertis que jamais nous ne devons désespérer de la Providence divine, car ses décrets par lesquels elle nous conduit sont impénétrables.

---

[1]) On me permettra d'opposer à ces documents vagues et contradictoires, la constante affirmation de Richard.

C'est donc de cœur, mon cher Charles, que je vous félicite pour l'insigne bonheur qui vient de vous être en partage, non-seulement pour l'honneur de porter sur votre poitrine cette croix qui ne doit distinguer que ceux qui ont bien mérité de la patrie, tel que vous, mais plus encore pour la voie qui vient de vous être ouverte par votre action, dans la carrière militaire que vous allez parcourir. Tel que vous le dites, mon cher Charles, votre avenir est fixé, ayez pleine et entière confiance *dans le gouvernement actuel, il n'oubliera jamais ceux qui se sont distingués* **par un dévouement explicite et public pour lui,** car sa politique lui fait un devoir d'être généreux en récompense envers eux.

Je me réjouis de vous voir parmi nous pour jouir en même temps du plaisir de vous voir serrer dans les bras d'un bon et excellent père que vous ferez revivre dans le bonheur.

Je vous dirai que tous les Soultziens en général sont enthousiasmés qu'un de leurs concitoyens se soit signalé et qu'il ait été récompensé d'après ses mérites, aussi vous pouvez compter d'être bien fêté en arrivant à Soultz. Je ne vous cacherai point que je suis tout fier d'être oncle d'un neveu qui fait déjà l'admiration générale, à plus forte raison par la suite lorsqu'il recueillera les fruits de sa noble conduite. Nous attendons avec impatience de vos nouvelles et plus encore votre arrivée que vous nous annoncez pour le mois de janvier, et personne plus que votre tout dévoué oncle

J. RICHARD.

Sans doute l'oncle Richard ne précise toujours pas quelle fut la conduite de son neveu mais les phrases que j'ai soulignées donnent à entendre qu'il ne s'agit pas seulement de sa conduite à l'égard du lieutenant Pleignier, honorable et méritoire en soi, mais d'un acte de dévouement envers le gouvernement, qui ne pouvait être que l'arrestation de Napoléon. Dans tous les cas il n'exagère pas l'enthousiasme des Soultziens puisqu'ils en ont conservé le souvenir encore aujourd'hui. On voit aussi toutes les espérances que la conduite du jeune sergent-major avait fait naître et combien cruelle fut la déception de les voir anéanties par l'avènement de Napoléon III.

Je vais montrer en effet l'hostilité à laquelle Richard fut en but sous l'Empire, hostilité qui n'est guère explicable que par le motif de l'arrestation du prince par lui.

§ 4. *La disgrâce.*

Richard a été nommé capitaine par arrêté ministériel du 19 décembre 1848 et son brevet de capitaine est daté du 20 décembre, date de la proclamation du prince Louis Napoléon comme président de la République. Il n'a pas été soumis à la signature de ce dernier, qui très probablement n'en a pas eu connaissance et ne se rappelait pas, à ce moment, du nom du sergent major qui l'avait arrêté à la Finckmatt.

Je n'ai pas connaissance que Richard ait été inquiété d'une façon quelconque jusqu'en mai 1855. Après sa belle conduite dans les combats du 1 au 3 mai devant Sébastopol, il fut porté, comme je l'ai dit, à l'ordre du jour de l'armée par le général Canrobert, commandant en chef l'armée d'Orient et reçut un brevet provisoire d'officier de la Légion d'honneur, daté du 5 mai.

Mais voici que le 17 un revirement se produit: le général en chef télégraphie au ministre de la guerre de ne pas faire confirmer par l'empereur la nomination du capitaine Richard au grade d'officier de la Légion d'honneur.

A la suite de cette dépêche le général Pélissier, nommé le 19 en remplacement de Canrobert au commandement en chef de l'armée d'Orient, [1] précédem-

---

[1] Les troupes françaises étaient aux ordres du général Canrobert, remplaçant le maréchal de Saint-Arnaud, mort épuisé de fatigues le 27 septembre 1854. Sébastopol était mal fortifié, et, malgré une garnison nombreuse, aurait pu être enlevé d'assaut dès les premiers jours du siège. Le maréchal Canrobert, soucieux jusqu'au scrupule de la vie de ses soldats, n'osa risquer cette attaque brusquée, qui eut sans doute coûté fort cher, et les alliés décidèrent de faire un siège en règle. Les Russes eurent ainsi le temps de parfaire leurs travaux de défense.

En mars 1855, un corps piémontais venait rejoindre les alliés. C'est à ce moment que le maréchal Canrobert, toujours hésitant devant la responsabilité d'un assaut, abandonnait son commandement au maréchal Pélissier, dont la hardiesse et l'énergie allaient donner au siège son dénouement brutal et sanglant.

ment commandant du 1er corps, envoya un rapport explicatif de la dépêche du 17. Au bureau de l'infanterie où il parvint on en rédigea un second adressé au Ministre, contenant celui du général Pélissier. Le voici :

Ministre de la guerre. Personnel
Bureau de l'infanterie.

Rapport fait au Ministre le 7 juin 1855.

Analyse.

Proposition de ne pas soumettre à la confirmation de l'Empereur la nomination provisoire d'officier de la Légion d'honneur dont M. Richard capitaine au 46e de ligne a été l'objet à l'armée d'Orient.

Parmi les militaires nommés à titre provisoire dans la Légion d'honneur, par M. le général com^t en chef l'armée d'Orient, à la suite du combat livré pendant la nuit du 1 au 2 mai dernier, figurait pour la croix d'officier, M. le capitaine Richard (Marie Charles) du 46e de ligne, signalé comme ayant pris le commandement de son bataillon après la mort du commandant Julien, et comme l'ayant vigoureusement dirigé.

Sur une dépêche télégraphique du 17 mai, M. le général com^t en chef a demandé que cette nomination ne fut pas soumise à la sanction de l'Empereur, pour des motifs qu'il ferait ultérieurement connaître.

Le rapport ci-joint qui vient de parvenir à ce sujet expose que M. le capitaine Richard trop âgé pour prétendre au grade d'officier supérieur (il est né le 21 mai 1810) s'est honorablement conduit pendant les opérations du siège et que sa compagnie s'est particulièrement distinguée le 2 mai dans l'enlèvement de l'ouvrage de contre-approche construit par les assiégés en avant de nos attaques de gauche, où le 46e de ligne a fait des pertes considérables.

Immédiatement après sa nomination provisoire au grade d'officier de la Légion d'honneur, M. Richard a demandé à rentrer en France en alléguant que des douleurs rhumatismales lui rendaient le service actif trop pénible. Malgré les représentations tour à tour bienveillantes et sévères de M. le général Pélissier sur la situation qu'il se préparait dans l'opinion de ses camarades et de ses chefs, il a persisté dans sa résolution.

M. le capitaine Richard a toujours été bien noté sous tous les rapports.

Il est âgé de 45 ans.

Compte 24 ans de services, 1 campagne.

Capitaine du 19 décembre 1848.

Chevalier de la Légion d'honneur du 22 novembre 1836.

Blessé devant Sébastopol le 11 décembre 1854 le capitaine Richard est néanmoins resté à son régiment.

L'empressement de M. Richard a quitter l'armée d'Orient aussitôt après l'avis de sa nomination provisoire au grade d'officier de la Légion d'honneur et sa persistance dans cette résolution, nonobstant les sages conseils et les avertissements sévères de ses chefs, donnent lieu de penser que ses douleurs dont il parle aujourd'hui pour la première fois, ne sont qu'un prétexte pour rentrer en France.

Il est à remarquer en effet que ces prétendues douleurs ne l'ont jamais empêché de faire son service, et qu'elles ne sont constatées par aucun officier de santé.

M. Richard aura pensé que la confirmation de la nomination provisoire dont il a été l'objet ne souffrirait aucune difficulté, et, limitant sans doute son ambition à l'obtention de cette récompense, il a cru pouvoir impunément s'emparer du premier prétexte venu pour venir servir paisiblement en France. »

C'est une erreur dans laquelle on ne doit pas le laisser, ne fut-ce que pour l'exemple, et l'on propose au Ministre de décider que, conformément à la demande de M. le général en chef de l'armée d'Orient, la nomination provisoire dont le capitaine Richard a été l'objet, ne sera pas soumise à la confirmation de l'empereur.

Approuvé 8 juin 1855.

Le chef du bureau :
signé : Colson.

Le général de division directeur :

signé :

Le ministre approuva les conclusions de ce rapport le 8 juin 1855 et l'affaire fut classée.

Arrêtons-nous au rapport du général Pélissier : Tout en rendant hommage aux beaux services du capitaine

Richard, en en faisant l'éloge, on commence par déclarer qu'il est trop âgé pour prétendre au grade d'officier supérieur. Né en 1810 (en mars, non en mai), il avait alors à peine 45 ans. C'est l'âge où l'on devient ordinairement chef de bataillon, il est plutôt rare qu'on le soit avant ; et nous savons que Richard espérait bien arriver à un grade supérieur à celui de capitaine ; son instruction, ses états de service l'on rendaient digne. C'est bien gratuitement qu'on le suppose limiter son ambition à l'obtention de la croix d'officier de la Légion d'honneur. Et si les douleurs dont il se plaignait n'étaient pas l'unique raison qui l'amenaient à demander sa rentrée en France, peut-être qu'il s'y mêlait un peu de dépit de n'être pas maintenu à la tête de ce bataillon qu'il venait de mener si vaillamment au feu. Mais ces douleurs, quoi qu'en dise le général Pélissier, étaient bien réelles.

Déjà dans le courant de l'hiver 1854-55 Richard avait été atteint plusieurs fois d'accès de goutte, et traité sans succès d'une faiblesse de la jambe droite, suite de sa blessure ; un certificat du docteur en médecine Petitbon, médecin aide-major du 46e, qui l'avait soigné, en fait foi. On sait que les douleurs rhumatismales et goutteuses prennent souvent vers l'âge de 45 ans, très subitement. La fatigue de l'effort fait les 1, 2 et 3 mai, succédant à une blessure, à un hiver passé dans des conditions pénibles au siège d'une ville, au climat froid et humide, aurait bien pu les provoquer, même si le capitaine n'en avait pas déjà été atteint.

On invoque l'exemple ; mais il venait d'être donné par le propre colonel du 46e qui, aussi nommé officier de la Légion d'honneur devant Sébastopol, comme Richard, avait demandé et obtenu sa rentrée en France, ainsi que le témoigne la lettre ci-après que lui écrivit le capitaine Richard :

Paris, le 29 avril 1857.

Mon Colonel,

J'ai l'honneur de vous supplier de vouloir bien solliciter en ma faveur de son Excellence Monsieur le Ministre de la Guerre, soit un conseil d'Enquête, soit un conseil de Guerre afin de statuer sur les motifs qui ont pu motiver la non confirmation de ma nomination au grade d'officier de la Légion d'Honneur, récompense gagnée sous vos yeux et laquelle m'a été donnée sur votre proposition.

Contraint à demander, **comme vous,** *mon Colonel, à rentrer en France pour cause de maladie,* laquelle n'est aujourd'hui que trop justifiée, l'on m'en fit un crime, l'on soupçonna ma bonne foi et l'on douta de moi, de là ma disgrâce, que rien ne justifie et qui n'a pas de précédent.

La position qui m'a été faite est incompatible avec mes sentiments, ma manière de servir et mes antécédents, je ne puis donc rester plus longtemps sous un coup frappé à demi, lequel porte atteinte à mon honneur, brise ma carrière et empoisonne mon existence. Dans l'intérêt de notre discipline laquelle doit être sévère, mais juste, vous ne devez plus, comme protecteur de vos officiers, garder plus longtemps parmi vous un Capitaine, lequel, s'il est jugé coupable doit être rayé immédiatement du cadre des officiers pour lâcheté, et chassé comme indigne de figurer dans les rangs de l'armée.

Je compte sur votre juste appréciation, mon Colonel, pour vous prier au nom de l'honneur du Régiment dont je fais partie depuis 26 ans de me seconder par vos conseils et d'appuyer ma demande près des Généraux de notre Division.

J'ai l'honneur etc.

Monsieur Gault, Colonel,
Commandant le 46ᵉ Régiment à Paris.

Sur la copie de cette lettre que le capitaine Richard avait conservée, il a mis l'annotation : *mon ennemi.* Les lettres de service de M. Gault à Richard sont en effet très froides mais les termes de la missive que je publie font voir que ce dernier avait cependant assez de confiance en la loyauté de son colonel pour espérer qu'il lui ferait rendre justice.

Obtenir justice fut désormais sa constante préoccupation jusqu'à son dernier jour. Le rapport Pélissier, dont on ne peut nier l'injustice, pesa sur sa vie de la manière la plus obsédante et la plus pénible.

Aussitôt rentré en France et un peu remis de ses douleurs, il résolut de s'adresser à l'Empereur lui-même et de solliciter de lui une audience. Confiant en la générosité du chef de l'Etat, il pensait que Napoléon ne se souviendrait de l'affaire de Strasbourg que pour reconnaître la fidélité du soldat à son devoir. Richard s'occupa donc de trouver l'aide de personnes influentes pour lui obtenir cette audience. Trois Soultziens occupaient alors des situations importantes : le général Bouat, cousin de Richard; le préfet West et le sénateur baron de Heeckeren. Ce dernier était l'intime de Napoléon, il avait collaboré au coup d'Etat; très bienveillant, il suffisait qu'on fut son compatriote pour être assuré de son appui. Richard s'adressa donc à lui et il en recevait le 19 octobre 1855 la réponse suivante :

Mon cher ami,

J'ai vu le Général Canrobert hier soir et j'ai longtemps causé de vous. Le Général m'a dit qu'il ne pouvait rien absolument, que c'est le Général Pélissier lui-même qui lui a dit de faire ce qu'il a fait et que c'est le général Pélissier qui a voulu que votre nomination fut suspendue quand vous avez demandé à retourner en France.

Plus que jamais vous n'avez donc qu'à suivre votre idée d'en référer à l'Empereur.

Du reste pour vous consoler je vous dirai que Canrobert m'a dit que vous étiez un brave et vaillant soldat.

Mes salutations empressées

Bon de Heeckeren.

Deux jours plus tard, le 21 octobre, le capitaine Richard était reçu en audience par l'Empereur, par l'entremise de M. Jules Migeon, député. Nous ne savons de ce qui s'est passé à cette audience, que ce que Richard en racontait : il rappela à l'Empereur que c'était lui qui l'avait arrêté à la Finckmatt en 1836, à quoi Napoléon lui répondit : « Je ne le sais que trop bien. » Il lui promit néanmoins de donner suite à sa demande.

Le capitaine Richard avait prié M. Branche, major de son régiment, de s'enquérir au ministère du résultat de sa démarche et voici ce qu'il lui répondit :

Paris, 30 octobre 1855.

Mon cher Richard,

Je vous écrit du bureau de M. G . . . qui déjà avait eu l'attention vers midi, d'adresser à un employé du B^au de l'Inf^ie une longue note vous concernant ; il en avait reçu la réponse que je vous transmets textuellement.

« Une note a été remise en effet par l'Empereur au Ministre qui, à son tour, s'est fait remettre une note par la Direction du Personnel : il y a de cela 3 jours et jusqu'à présent le Bureau de l'Infanterie n'a aucun ordre concernant la réclamation de M. Richard.   30 octobre. »

Nous ne pouvons savoir ce qu'aura dit pour ou contre vous le Gal Pessart, [1]) mais avant peu nous saurons quelle issue on aura donné à votre affaire, ce dont je m'empresserai de vous informer aussitôt, chez vous, où vous pouvez vous rendre dès ce soir sans vous tourmenter davantage.

Tout à vous et bon voyage

Votre bien dévoué et vieux Major

Branche.

N'ayant pas eu de réponse, Richard profita de la naissance du prince impérial pour tenter encore une fois de toucher le cœur de l'Empereur, devenu heureux père. Il lui adressa une pétition qu'il recommanda à l'entremise du duc de Bassano, grand chambellan :

Le 14 avril 1856.

Monsieur le Grand Chambellan,

J'ai l'honneur de vous prier de vouloir bien soumettre à sa Majesté l'Empereur, après en avoir pris connaissance, la pétition ci-incluse.

Je mets toute ma confiance dans l'équité de votre Excellence pour oser même la prier d'appuyer la demande d'un fficier opprimé.

---

[1]) Directeur du personnel au Ministère de la guerre, qui avait contresigné le rapport du 7 juin.

Le Maréchal Canrobert et le Baron de Heeckeren, sénateur, initiés dans le malheur qui m'a frappé, pourront vous donner tous les renseignements sur ma conduite militaire et privée.

J'ai l'honneur etc.

Il lui fut accusé réception par la lettre ci-après :

Maison de l'Empereur. Cabinet du
    Grand Chambellan.

                Palais des Tuileries, le 17 avril 1856.

    Monsieur,

J'ai remis à sa haute destination la demande que vous m'avez transmise le 14 avril.

Agréez, Monsieur, l'assurance de ma considération distinguée,

                Le Grand Chambellan :
                Duc de Bassano.

Voici le texte de la pétition :

Richard, Marie-Charles, capitaine au 46ᵉ de Ligne
à l'Empereur.

    Sire,

Ayant eu l'honneur d'être admis à l'audience de Votre Majesté le 21 octobre dernier, à mon retour de Crimée, j'osai vous demander justice contre le Général en chef qui, trompé à mon égard, empêcha la confirmation de ma nomination provisoire au grade d'officier de la Légion d'honneur. Après cette faveur, conséquence d'une action mise à l'ordre de l'armée, ma radiation ne pouvait avoir d'effet rétroactif et n'a pas de précédent jusqu'à ce jour. Que me reproche-t-on ? D'avoir sollicité de rentrer en France, peu après l'obtention de cette décoration, mais, Sire, le mal n'attend pas, et j'étais alors tellement perclus par les douleurs rhumatismales qui ne me permettaient de faire aucun service actif, qu'aujourd'hui, après un repos de sept mois dans ma famille je me traîne encore avec peine et vais tenter par des eaux thermales de recouvrer l'usage de mes jambes.

Sire, avant de quitter la Crimée, on a suspecté ma bonne foi et les assertions des médecins, mais aujourd'hui, ma maladie, dont on me fait un crime, est plus que justifiée :

1° Par les certificats de visite et contre visite que j'avais fourni lors de ma demande.

2° Par la Commission composée d'un Maréchal de camp, d'un Sous-Intendant et de deux médecins, qui a prononcé mon évacuation sur Constantinople.

3° Par les médecins des hôpitaux de Constantinople et de Marseille qui m'ont accordé une convalescence.

4° Par les médecins des hôpitaux de Colmar qui m'ont accordé une prolongation, et enfin par les certificats des docteurs qui m'ont traité pendant mon congé.

Votre Majesté avait daigné m'écouter avec bienveillance, mais je crains bien, puisqu'elle ne m'a pas fait répondre jusqu'à présent, qu'elle n'ait été induite en erreur d'après les rapports sans doute exagérés qui ont donné lieu à la disgrâce inouïe dont je suis l'objet ; vous jugerez aisément, Sire, combien doit y être sensible un soldat qui a la conscience d'avoir fait son devoir, (ce dont le régiment témoignerait hautement) et vous ne voudrez pas que je sois le seul à me désoler dans ma fâcheuse position quand la joie que cause la venue d'un Prince Impérial est universelle.

Sire, reconnu indigne de votre protection je dois être rayé du cadre des offficiers de votre glorieuse armée, malgré mes 25 ans de service, mes 19 ans de grade de Chevalier, mes bons antécédents et ma blessure.

Je suis avec le plus profond respect Sire de votre Majesté le très humble et très obéissant serviteur et sujet

RICHARD.

Montauban le 14 avril 1856.

N'ayant encore obtenu aucune réponse, le capitaine Richard adressa à l'Empereur, le 26 janvier 1857, la nouvelle pétition que voici :

Sire,

Venant d'être victime d'un déni de justice qui porte atteinte à mon honneur, j'ai l'honneur de supplier Votre Majesté de vouloir bien écouter la justification d'un de vos dévoués serviteurs, soldat depuis 1831, chevalier de la Légion d'Honneur depuis 21 ans et décoré du Medjidié.

Dans la nuit du 1er au 2 mai 1855 le Commandant Julien ayant été tué dans l'ouvrage enlevé à l'ennemi devant le bastion central, je dus prendre le commandement du bataillon ; le lendemain, une attaque furieuse des Russes fut repoussée en partie par les soldats que je dirigeais, et nous restâmes maîtres de la position. Pour ce fait, je fus cité à l'ordre de l'armée et Monsieur le Général Canrobert, commandant en chef, trouvant que ma conduite en cette circonstance méritait une récompense, me nomma Officier de la Légion d'Honneur ; j'en reçus aussitôt le brevet et les insignes et je parus au milieu de mon régiment portant cette décoration. Que de félicitations je reçus des hommes que j'avais conduits au feu ! lesquels, ainsi que mes camarades, ne cessent de me témoigner leur estime.

Quelque temps après, contraint par des douleurs rhumatismales très vives de demander à quitter la Crimée où je fus depuis le commencement du siège, je vis, malgré mes bons antécédents, ma bonne foi soupçonnée : on douta de moi et une dépêche télégraphique adressée au Ministre de la Guerre fut cause que ma nomination au grade d'Officier de la Légion d'Honneur ne fut pas soumise à la sanction de Votre Majesté.

Cependant Sire, je comparus devant une commission composée d'un Général de Brigade, d'un Sous-Intendant et de deux officiers de santé qui, non-seulement reconnurent que j'étais gravement atteint et par conséquent incapable de faire pour le moment aucun service actif, mais ordonnèrent mon évacuation immédiate sur les hôpitaux de Constantinople. De là je fus dirigé sur la France et à mon arrivée à Marseille soumis à une visite et à une contre visite ; il fut constaté de nouveau et deux fois de suite que j'étais bien réellement malade ; un congé de convalescence me fut accordé, je fus ensuite envoyé aux eaux de Barèges et à la fin de la saison un nouveau congé de convalescence fut jugé indispensable encore.

Donc il est bien prouvé par certificats authentiques que mon état de maladie seul et nul autre motif a pu me déterminer à faire la demande de quitter la Crimée ; du reste un homme qui vient de montrer si bien et si hautement ce qu'il vaut et ce qu'il peut, passe-t-il ainsi du jour au lendemain de l'énergie à la faiblesse ?

Ne pouvant plus m'attaquer dans ce qu'un soldat a de plus cher, sa réputation de courage devant l'ennemi, on me reproche d'avoir renoncé au commandement de la compagnie d'élite (Voltigeurs) que je commandais. Sire, sur mon honneur, je jure à votre Majesté que la demande de cette renonciation m'a été faite par mon Colonel lui-même, qu'il m'a déclaré qu'elle était

indispensable et qu'il fallait en outre que je la donnasse par
écrit. J'ai dû céder, l'intérêt du service était mis en avant, mais
Dieu seul sait ce que j'ai souffert.

Sire, voilà les faits dans leur plus scrupuleuse exactitude,
j'en fais serment à Votre Majesté.

Ainsi on m'avait jugé digne d'une récompense pour laquelle
tout homme d'honneur se ferait tuer, j'ai paru au milieu de
mes frères d'armes portant cette noble croix et cette croix on
me l'a pour ainsi dire arrachée, car un Prévot de Gendarmerie
au su et vu de tous est venu me la reprendre et me réclamer
le brevet que je me suis refusé de remettre qu'entre vos mains,
Majesté, lorsque vous aurez sanctionné ma nomination. On m'a
donc déshonoré ; je dois être rayé du cadre des officiers de
votre glorieuse armée si je ne mérite pas votre protection.

Confiant dans la haute sollicitude de Votre Majesté pour
ce qui touche les intérêts de ceux qui composent votre fidèle
armée, je viens, Sire, faire appel à votre suprême justice et
réclamer de votre insigne bonté la faveur d'être traduit devant
un conseil d'enquête, là du moins il sera déclaré hautement si
je mérite ou non d'être frappé d'indignité. Chef souverain et
Grand Maître de l'ordre impérial de la Légion d'Honneur, Sire,
Votre Majesté doit être éclairée sur la conduite de celui, auquel
il a été fait un si sanglant outrage.

J'ai l'honneur etc.

Cette pétition, comme les précédentes démarches,
demeura sans résultat. Bientôt éclatait la guerre d'Italie,
le 46e fit partie de l'armée engagée et Richard partit
avec lui. J'ai dit comment il se distingua, fut nommé
juge au Conseil de guerre par le général Bourbaki et
proposé sans succès pour la croix d'officier.

Alors Richard, profitant de la bienveillance que lui
témoignait Bourbaki, lui adressa le 27 août 1859, cette
lettre :

A Monsieur le Général de Division Bourbaki, inspecteur général du 46e régiment de ligne.

    « Mon Général,
« Comme c'est à vous seul qu'il appartient de faire rendre
justice à un officier injustement frappé par suite d'odieuses

calomnies, d'infâmes machinations, de rapports inexacts et erronés, qui, en apparence vrais, ont ébranlé la religion et l'équité de Sa Majesté l'Empereur, celle de son Excellence Monsieur le Ministre de la guerre, et ont porté atteinte à l'honneur du réclamant, j'ai l'honneur de vous exposer, mon Général, (etc.... comme dans les pétitions précédentes...) Mon Général, nous sommes encore aujourd'hui en campagne et dans le pays où notre glorieuse armée a, sous le commandement de S. M. l'Empereur, en moins de deux mois rendu la liberté à une nation entière qui le bénit. En souvenir de nos faits d'armes et de nos victoires S. M. a décrété une amnistie générale, serai-je donc le seul condamné? à gémir sous le poids d'une mesure disciplinaire qui n'a pas de précédents dans les annales militaires et qui est basée sur un grief imaginaire, car je n'ai rien à me reprocher; c'est pour cela que je viens vous demander, mon général, comme une insigne faveur, de me faire comparaître devant un conseil d'enquête ou devant tout le régiment dans lequel je sers depuis 28 ans. Là du moins, il sera déclaré hautement si je mérite d'être frappé d'indignité. .... Eclairé par vous, mon général, S. M. l'Empereur ne laissera pas plus longtemps sous le stigmate un officier qui tout récemment encore a figuré sur les états de proposition pour officier de la Légion d'honneur, récompense pour laquelle il a encore été évincé par suite de la malheureuse impression que laisse planer sur lui la mesure disciplinaire dont les suites fâcheuses sont détaillées ci-dessus... »

On fit alors connaître à Richard les accusations dont il était l'objet. C'est dans un ressaut de la plus vive indignation qu'il écrivit à son colonel la lettre suivante :

Crémone (Italie), le 28 novembre 1859.

Au Colonel Blaise, 46ᵉ Régiment.

Mon Colonel,

Pour repousser avec tout le mépris que mérite l'indignité monstrueuse, l'écrit mensonger, qui existe contre moi au Ministère me dénonçant d'avoir fait partie d'une société de conspirateurs en je ne sais quelle année, et pour réfuter les récriminations de pure invention, que me reprochent quelques misérables lâches qui ont trempé dans ma disgrâce, tellement honteuse pour eux, qu'ils cherchent par tous les moyens à ne laisser surgir ni la vérité ni la justice

J'ai l'honneur de vous dire succintement, mon Colonel :

1° Que ma mère est morte le 14 janvier 1832, elle ne pouvait donc ni écrire ni faire écrire en 1856.

2° Que depuis le 22 décembre 1826 jusque vers la fin du mois de février 1831 j'ai travaillé comme clerc de notaire sans interruption chez des notaires de Soultz, Rixheim et Sierentz (Hᵗ-Rhin), j'ai des certificats.

3° Que je n'ai jamais quitté mon département sous aucun prétexte que le 8 mars 1831 pour profiter de la loi qui autorisait alors les jeunes soldats de la classe de 1830 dont je faisais partie à devancer la mise en activité comme engagés volontaires; pour profiter de cette faveur je me suis engagé le même jour à la Mairie de Colmar pour le 46ᵉ que j'ai rejoint aussitôt à St.-Omer, où je suis arrivé le 25 du même mois.

4° Qu'au mois de mai de la même année 1831, j'ai fait partie des bataillons de guerre qui ont été envoyés à Paris pour la réception des drapeaux, de là le régiment a été envoyé en Vendée, dans la Bretagne, plus tard à Paris, Strasbourg, Lille, Mézières, Caen, Paris en 1848, etc. etc. que depuis mon entrée au service jusqu'à ce jour, je n'ai jamais quitté le régiment, il sera donc facile de suivre et connaître ma règle de conduite depuis cette époque, jusqu'aujourd'hui inclus.

Mon colonel en ajoutant foi à toutes ces odieuses calomnies c'est me dire : vous resterez victime opprimée d'un acte arbitraire qui n'a pu être conçu que par des hommes qui trompent la religion de sa Majesté l'Empereur et qui ne veulent pas se laisser convaincre par l'évidence et l'équité. Ils ne sentent même pas ce que doit souffrir l'homme qui n'a rien à se reprocher, mais que l'on veut pousser malgré son bon droit vers sa perte ou à un acte de désespoir, et l'on appelle cela de la discipline paternelle.

Pardonnez-moi, mon Colonel, et recevez de nouveau toute ma reconnaissance pour toute la bienveillance que vous avez pour moi, et de laquelle je saurai me rendre digne.

J'ai l'honneur etc.

Le colonel Blaise avait remplacé M. Gault dans le commandement du 46ᵉ de ligne, et au contraire de son prédécesseur, il témoigna au capitaine Richard le plus grand intérêt et une amicale bienveillance. Nous en avons une preuve dans une lettre de service de laquelle je détache le passage suivant :

Soissons, le 31 juillet 1860.

Mon cher Capitaine,

. . . .

Je suis passé dans les bureaux du ministère il y a quelques jours, j'ai fait vérifier votre dossier en ma présence, et ces Messieurs ont pu constater, que le fait d'avoir pris part à l'action du Cloître de St.-Méry, devait être attribué à un autre officier portant le même nom que vous.

Votre affectionné

Le Colonel du 46^e
Blaise.

C'est en 1862, comme je l'ai dit, que lassé de tant d'injustice, le capitaine Richard demanda sa retraite. A cette occasion il écrivait encore le 15 mars 1862 au colonel Blaise :

« J'ai l'honneur de venir vous rappeler, comme vous m'avez engagé à le faire avant notre séparation à Paris, de ne pas oublier d'envoyer ma demande de retraite dans les premiers jours d'avril et je vous prie instamment de vouloir bien l'appuyer favorablement. . . . .

« Tous mes parents dont quelques-uns se trouvent au barreau, se font encore illusion sur ma position, ils prétendent qu'il est impossible que justice ne me soit pas faite pour ma décoration et me conseillent, une fois ma demande de retraite lancée, d'écrire directement à M. le ministre de la guerre. . . .

« Me reprocherait-on d'être décoré depuis 26 ans à l'occasion de l'arrestation de sa Majesté l'Empereur à Strasbourg en 1836 ; je crois que dans cette circonstance je n'ai fait que mon devoir de soldat ; j'en suis fier, ce serait trop d'honneur me faire si un jour la postérité en parlait et si on me mettait à côté de sa Majesté dans l'histoire . . . . . »

Cédant aux conseils de ses amis, Richard envoya une dernière pétition au Ministre de la guerre dans les termes ci-après :

Colmar, le 24 novembre 1862.

A son Excellence le Maréchal Randon, Ministre de la Guerre.
Le Capitaine Richard au 46ᵉ Régiment d'Infanterie en
congé de convalescence à Colmar.

Excellence,

D'après l'avis de Généraux, d'officiers de tout grade de l'armée et des personnes dont le nombre est grand, auxquels j'ai fait part d'une disgrâce dont je suis l'objet, qui n'a pas de précédents, et fait lire mes pièces de justification qui se trouvent à mon dossier au ministère, tous m'ont conseillé de m'adresser directement à votre équité pour que ma justification soit mise sous les yeux de sa Majesté l'Empereur.

La haute autorité que votre Excellence exerce sur l'armée me fait prendre respectueusement la liberté de lui exposer que je suis à la veille de ma retraite, que je suis possesseur d'un brevet d'officier de la Légion d'Honneur non sanctionné de sa Majesté, et cela pour accusations supposées et de pure invention, daignez donc m'entendre jusqu'à la fin, ma justification sera aussi facile que véridique, et le mot qui m'a été écrit « c'est un fait accompli » s'effacera devant la logique des quelques lignes ci-après.

De quoi suis-je accusé :

1º D'insubordination, mais il y a plus de 16 ans que je n'ai fait une heure de punition.

2º D'avoir fait partie d'une société de conspirateurs au cloître de St.-Méri à Paris en 1832 ou je ne sais en quelle année J'ai une lettre de mon colonel qui prouve qu'on s'est trompé et que c'est à un de mes homonymes que cette action doit être imputée.

3º D'avoir eu le malheur de tomber malade et avoir été contraint de rentrer de Crimée en France presque à la fin de la campagne, motif pour lequel on a osé soupçonner ma bonne foi, mais ma maladie n'a été malheureusement que trop justifiée : premièrement par une commission composée d'un Général de Brigade, d'un Sous-Intendant militaire et de deux médecins étrangers à l'ambulance de Crimée, de plus par un grand nombre de certificats authentiques de médecins civils et militaires qui m'ont traité depuis, et de plus encore par tous les officiers du régiment que le colonel Blaise a réunis à cet effet pour connaître leur opinion sur mon compte. Tous ont déclaré que j'ai été victime d'une noire calomnie.

4° D'être décoré depuis 26 ans à l'occasion de l'arrestation de sa Majesté l'Empereur à Strasbourg en 1836, mais encore je n'ai fait que mon devoir de soldat; je sais qu'il y a des personnes qui prétendent que c'est là le motif de ma disgrâce, mais j'ai déjà trop souvent eu l'occasion d'apprécier la bienveillance de sa Majesté l'Empereur pour oser seulement le supposer.

Je viens donc mon Excellence réclamer l'appui tutélaire que vous prêtez toujours aux faibles opprimés pour vous prier de soumettre, sous la sainte vérité, je le jure, ma réclamation à sa Majesté pour qu'au nom du Dieu qu'elle met en tête de chacun de ses décrets, justice me soit faite; cela portera bonheur à sa dynastie, car si notre discipline doit être sévère, elle doit être juste et paternelle, et il n'appartient qu'aux grands hommes et aux cœurs généreux de revenir sur une erreur commise quand l'évidence a fait ressortir la vérité.

Qu'on ne renvoie donc pas dans la vie civile, sous le stigmate de la flétrissure de la non confirmation d'une croix dont il a le brevet, un soldat qui compte bientôt 32 ans de service, six campagnes, deux citations à l'ordre de l'armée de Crimée et qui porte sur sa poitrine 3 décorations et les 2 médailles de Crimée et d'Italie, et qui, quoique capitaine depuis 1848 ne s'est jamais plaint de son non succès de n'avoir obtenu dans ces 14 années d'autre récompense que cette croix d'officier de la Légion d'Honneur non sanctionnée de sa Majesté; cependant en Italie il a été l'objet de 2 nouvelles propositions pour la même croix, et elles sont encore restées sans résultat.

J'ai l'honneur d'être avec le plus profond respect, de votre Excellence, le très humble et très obéissant serviteur et subordonné   RICHARD.

Sur la copie de cette pétition, le capitaine Richard a mis l'annotation : *Sans réponse, comme toujours.*

L'affaire du cloître de St-Méry à laquelle il est fait allusion dans les derniers documents que je viens de faire connaître, n'est autre qu'une phase de l'insurrection qui éclata à Paris le 5 juin 1832. Un groupe de républicains s'étaient retranchés dans la rue St-Martin, près du cloître de St-Méry, entre deux barricades et résistèrent pendant deux jours à main armée dans cette position. La plupart furent tués, quelques-uns s'échappèrent, vingt deux avec leur chef Jeanne furent faits prisonniers, parmi ceux-ci on n'en trouve aucun du nom de Richard. L'officier de ce nom qui était supposé avoir fait partie de ces insurgés, était sans doute accusé aussi gratuitement que le capitaine Charles Richard.

§ 5. *Conclusion.*

De l'étude que je viens de faire, des documents analysés, il ressort évidemment que ceux qui auraient conclu des affirmations du capitaine Richard, qu'il avait *à lui seul*, par l'arrestation du prince Louis Napoléon, fait échouer l'insurrction de Strasbourg, auraient certainement dépassé sa pensée : c'est le sous-lieutenant Pleignier qui, par son initiative, amena l'échec du prince. Mais qui, en mettant la main sur Napoléon, a déterminé la fin de l'insurrection ? N'est-on pas en droit de déduire du silence des documents à cet égard, que le sergent-major Richard n'a pas menti ; que c'est bien lui qui a arrêté le prince ; d'autant plus que deux témoins disent que cette action a été faite par *des sergents du 46e*, que c'est bien comme le disait Richard, derrière les chevaux que le prince a été saisi, et qu'enfin il se trouvait près de Napoléon quelques secondes avant l'arrestation, quand il a paré le coup de sabre destiné à Pleignier.

Mais il est évident que le rôle de Richard dans l'avortement de cette insurrection est secondaire, et il n'en aurait probablement jamais parlé, comme il n'a jamais parlé de son action généreuse envers Pleignier, s'il n'avait pas attribué à ce rôle la disgrâce dont il a été l'objet sous le second Empire. Il était en droit de le supposer d'autant plus que dès 1851, Pleignier avait été mis à la retraite comme simple capitaine. Valentin et Charras ont interpellé à ce sujet le 15 avril 1851 à l'Assemblée nationale. [1]

M. Salleix est mort à Paris le 28 mars 1851 comme général de brigade. En 1848 il commandait la brigade de St-Denis, commandement qui convenait parfaitement à son activité. A l'avénement du prince Louis Napoléon, on le lui retira pour l'envoyer au commandement de l'école militaire de St Cyr. Salleix, enlevé à sa vie active, reçut cette nomination comme une disgrâce, comme un avant coureur de sa mise en disponibilité. Il vit, dans cette mesure, une vengeance du Président, et de ce jour, il fut tellement frappé qu'il en perdit la raison. Il avait organisé le 71e de ligne et passait pour des meilleurs officiers de l'armée. Au régiment on disait de lui : C'est l'officier qui *sert* le mieux. Salleix n'avait pas 52 ans quand il est mort. [2]

Dès le 30 janvier 1849, Vaudrey fut nommé officier de la légion d'honneur, Laity et Persigny chevaliers. [3]

Tout cela prouve que Louis Napoléon se souvenait des hommes qui avaient joué un rôle dans l'affaire de Strasbourg pour ou contre lui, et qu'arrivé au pouvoir, il ne tarda pas à récompenser chacun selon ses mérites à son égard.

L'hostilité qu'on témoigna à Richard est flagrante. C'est le général Pélissier, peut être poussé par d'autres personnages restés prudemment dans l'ombre, qui le premier s'est déclaré contre lui. Les raisons qu'il donne pour arrêter l'avancement du capitaine Richard et sa nomination au grade d'officier de la Légion d'honneur, ne sont pas sérieuses et en cachent d'autres.

---

[1] DELABROUSSE, *Valentin*, p 15.

[2] La Révolution de 1848 racontée par le capitaine Dauné (Démocratie du 28 juin 1912)

[3] Moniteur du 4 février 1849.

A l'époque de la guerre de Crimée, la limite d'âge des capitaines était fixée à 53 ans. On pouvait être nommé chef de bataillon jusqu'à deux ans avant cette limite, soit jusqu'à 51 ans Donc à 45 ans, Richard n'était pas trop âgé pour aspirer à ce grade. Puisqu'il a pris le commandement du bataillon au moment où son chef tomba, cela prouve qu'il était alors le capitaine le plus ancien du bataillon. On peut s'étonner de ce que dans ces conditions d'ancienneté et déjà chevalier de la Légion d'honneur, le commandement n'ait pas proposé de le maintenir à la tête de ce bataillon qu'il avait mené si vaillamment au feu. On voit par la pétition du 26 janvier 1857, rapportée plus haut, qu'au contraire son colonel lui avait demandé de renoncer à ce commandement sous prétexte que l'intérêt du service l'exigeait, et lui avait fait donner cette renonciation par écrit.

Ne doit-on pas en déduire que ne voulant pas mettre Richard à la retraite, de peur d'une esclandre comme celle qu'avait provoquée la mise à la retraite de Pleignier, aussi parce que son rôle dans l'affaire de Strasbourg était plus secondaire, on avait cependant résolu de ne pas le laisser arriver aux grades d'officier supérieur. Mais son action d'éclat devant Sébastopol ne pouvait rester sans récompense aux yeux de l'armée. On lui donna cette croix d'officier qu'il avait bien méritée. C'est alors que Richard en demandant sa rentrée en France fournit lui-même un prétexte pour lui refuser même cette récompense.

A première vue, on ne peut comprendre comment un officier après s'être si bien montré, au moment où la campagne entre dans une phase décisive, où il vient d'être l'objet d'une distinction, peut avoir un seul instant l'idée de se dérober : ce n'est pas militaire, ce n'est pas simple, ce n'est pas naturel, et c'est contraire à tout ce que nous savons du caractère de Richard.

Ou bien ces douleurs rhumatismales étaient bien fortes et c'est intentionnellement qu'on n'a pas voulu les reconnaître, ou bien Richard dépité de n'avoir pas été maintenu à la tête du bataillon, a récriminé, a pris prétexte des douleurs pour jeter le manche après la cognée et, en persistant, a pris une attitude d'insubordination inacceptable. Mais ceci encore est contraire à l'esprit de fidélité au devoir que nous connaissons chez Richard. Du reste jamais il n'a demandé de l'avancement et s'est borné à réclamer la ratification de sa croix d'officier. De quelque manière qu'on examine la chose, on revient toujours à constater une mauvaise volonté à l'égard de Richard.

L'empereur, au début, ne saurait être mis en cause, mais à partir du jour où il reçut Richard en audience, il savait à quoi s'en tenir sur lui. Je veux croire qu'il était sincère au moment où, faisant preuve de générosité, il assurait le capitaine qu'il lui ferait rendre jusice. Mais il est certain qu'entre temps un dossier de délations, ineptes comme elles le sont généralement, a été réuni au Ministère de la guerre contre Richard; on l'a montré au souverain comme un conspirateur acharné contre l'empire, comme un soldat insubordonné, et l'Empereur, dont le caractère flottant est bien connu, a laissé poursuivre par la calomnie et l'injustice un bon et loyal militaire dont la carrière est sans reproche et au contraire remplie de traits généreux et glorieux.

Et puis les pétitions sont-elles parvenues à l'Empereur ? Des serviteurs trop zélés de l'Empire, et qui du reste l'ont conduit à sa perte, n'ont-ils pas empêché qu'elles arrivent à destination ? L'égoïsme qui, lorsqu'il ne fait pas le mal, empêche souvent le bien, n'a-t-il pas, peut-être, joué un grand rôle dans cette occasion : ceux qui auraient eu assez d'influence sur Napoléon n'ont-ils pas négligé de parler en faveur de Richard, craignant de se discréditer auprès de l'empereur, tout en n'approuvant pas, dans leur for intérieur, la façon d'agir à l'égard du capitaine.

Quoi qu'il en soit le gouvernement impérial a fait preuve ici d'une de ces excessives bassesses, dont tous les gouvernements ne sont malheureusement pas exempts. N'avons-nous pas vu récemment, sous la République où l'équité devrait règner plus que jamais, le régime odieux des fiches arrêter et briser la carrière de nombreux soldats capables, loyaux et vaillants?

Typ. Sutter & Cⁱᵉ, Rixheim — 569